Qq Rr Ss Tt

Qq Rr Ss Tt

Uu Vv Ww Xx

Uu Vv Ww Xx

Yy Zz

Yy Zz

1234567890

Pour l'édition originale publiée par Random House, Inc., New York,
et parue sous le titre *Richard Scarry's Great Big Schoolhouse* :

www.albin-michel.fr – Traduction de Valérie Le Plouhinec
Dépôt légal : premier semestre 2009
N° d'édition : 18629/3 / Ean 13 : 978 2 226 19190 8
Loi n° 49-956 du 16 juillet 1949 sur les publications destinées à la jeunesse
Imprimé en France par Pollina s.a., 85400 Luçon en avril 2013 - L64315.

Le Grand livre de l'école

Richard Scarry

Albin Michel Jeunesse

Avant de partir

Cassis le chat est réveillé par sa maman.
– C'est l'heure de se lever pour aller à l'école, dit-elle.
– Pourquoi faut-il aller à l'école ? demande Cassis.
– Tous les enfants y vont pour apprendre à lire et à écrire. Tu as envie de savoir lire et écrire, n'est-ce pas ? Allons, lève-toi.

Cassis se lève. Il bâille, se frotte les yeux et entre dans la salle de bains.

Il fait une toilette de chat au savon et à l'eau tiède.

Il se brosse les dents.

Il se peigne avec de l'eau froide.

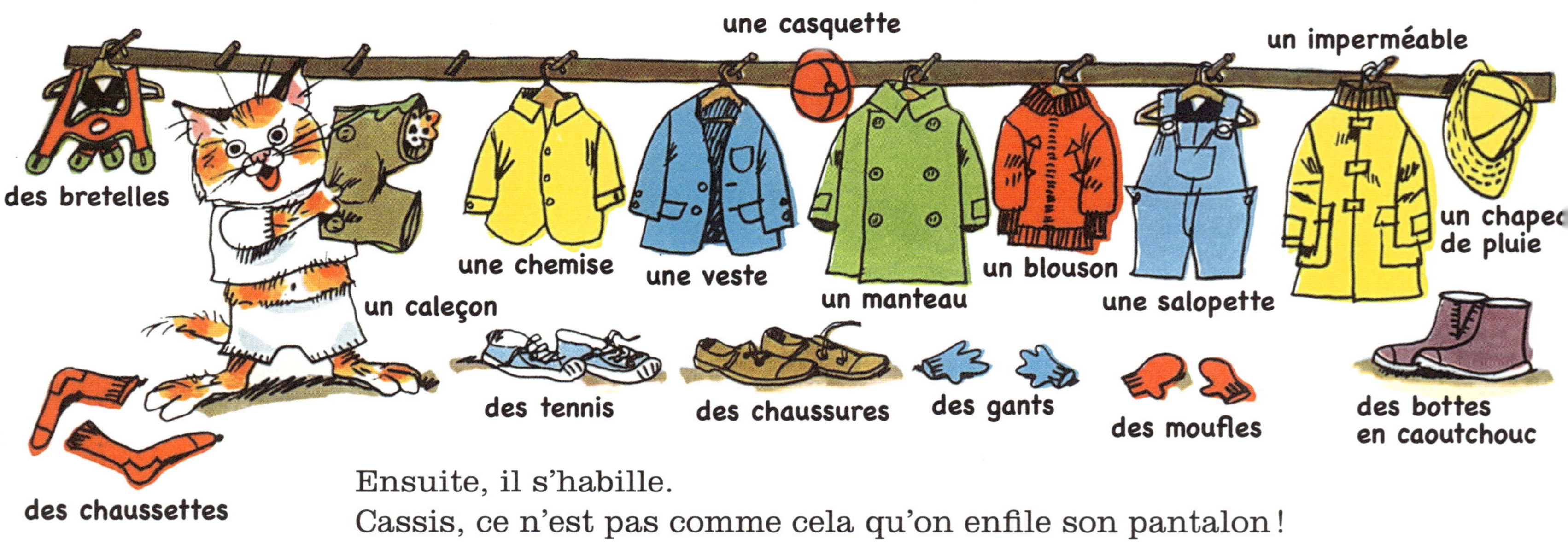

Ensuite, il s'habille.
Cassis, ce n'est pas comme cela qu'on enfile son pantalon !

Pour le petit déjeuner, Maman Chat sert à Cassis un grand bol de chocolat chaud. Voici Asticot qui vient le chercher.
– Dépêche-toi, Cassis, dit-il. Nous allons être en retard.

– EN RETARD ! Bon sang de bonsoir ! Moi aussi, je vais être en retard au travail ! s'exclame Papa Chat. Il prend son cartable et part en courant. Oh, non ! Il emporte la nappe avec lui !

Maman Chat accompagne Cassis à l'arrêt du car. *Tût ! Tût !* Le car scolaire vient chercher les enfants pour les emmener à l'école.

En route pour l'école

Tous les jours, Cassis prend un car orange pour aller à l'école. En chemin, il voit beaucoup de choses colorées. Tout a une couleur. De quelle couleur est le vêtement du pêcheur ?

un avion orange
une ambulance blanche
avec une croix rouge
un passage à niveau
un garde-barrière
un feu de circulation
un panneau bleu
À DROITE
un camion
de pompiers rouge
un passage-piétons
jaune
le trottoir
un pêcheur
un taxi vert
TAXI
un remorqueur
une camionnette marron
la rivière
un pont

L'école

Voici l'école de Cassis.
Le car s'est arrêté dans la cour.
La cloche a sonné.
L'école a commencé.
Mais alors, qui fait tout ce bruit dehors ?

C'est Jo Bricolo !
Comme d'habitude, il est en retard.

La salle de classe

Voici la salle de classe de Cassis.
Sa maîtresse, Miss Pot-de-Miel, est assise derrière le grand bureau.
Tous les matins, les élèves disent :
– Bonjour, Miss Pot-de-Miel !
Et tous les matins, elle répond :
– Bonjour, les enfants. Comme vous avez l'air en forme ce matin !
C'est ce qu'elle dit toujours.

le plafond
le plafonnier
un élève araignée
un avion en papier
le store
la vitre
le tableau
une leçon d'orthographe
le chat
le chien
le ver
une leçon de calcul
2
+2
4
un élève
en retard
la corbeille
à papier
un tabouret
l'appui de la fenêtre
une table
la chaise
de Cassis
la chaise d'Asticot
un taille-crayon
un pot de colle
des trombones
une gomme
des ciseaux
une règle
un tampon
une trousse
un cahier
des craies
QUE FONT LES GENS TOUTE LA JOURNÉE
un livre
d'images
un crayon à papier
un feutre
des punaises
un stylo à bille

La leçon d'orthographe

Chaque jour, Miss Pot-de-Miel enseigne quelque chose de nouveau à ses élèves. Aujourd'hui, elle va leur apprendre l'alphabet. Elle a donné à chacun une carte avec l'une des lettres. Tout le monde cherche des mots qui commencent par cette lettre.

A est la première lettre de l'**a**lphabet.
Arthur **a** apporté une pomme **à** la maîtresse.
Il en **a** aussi une pour son **a**mi **A**sticot.

Peau-de-**B**anane fait le **b**eau
dans sa voiture-**b**anane.
Bien installé, il savoure
une **b**onne **b**anane **b**ien mûre.

Charlie dessine un **c**œur au **c**rayon de **c**ouleur.
Il le montre à toute la **c**lasse.

Donald aux grandes **d**ents
danse sur son bureau.
Attention, **d**anger !

Élisabeth **e**st **é**tourdie.
Elle avait **é**garé ses **é**normes
boucles d'oreilles !

Francine **f**abrique des meubles **f**abuleux
pour son ami Asticot.

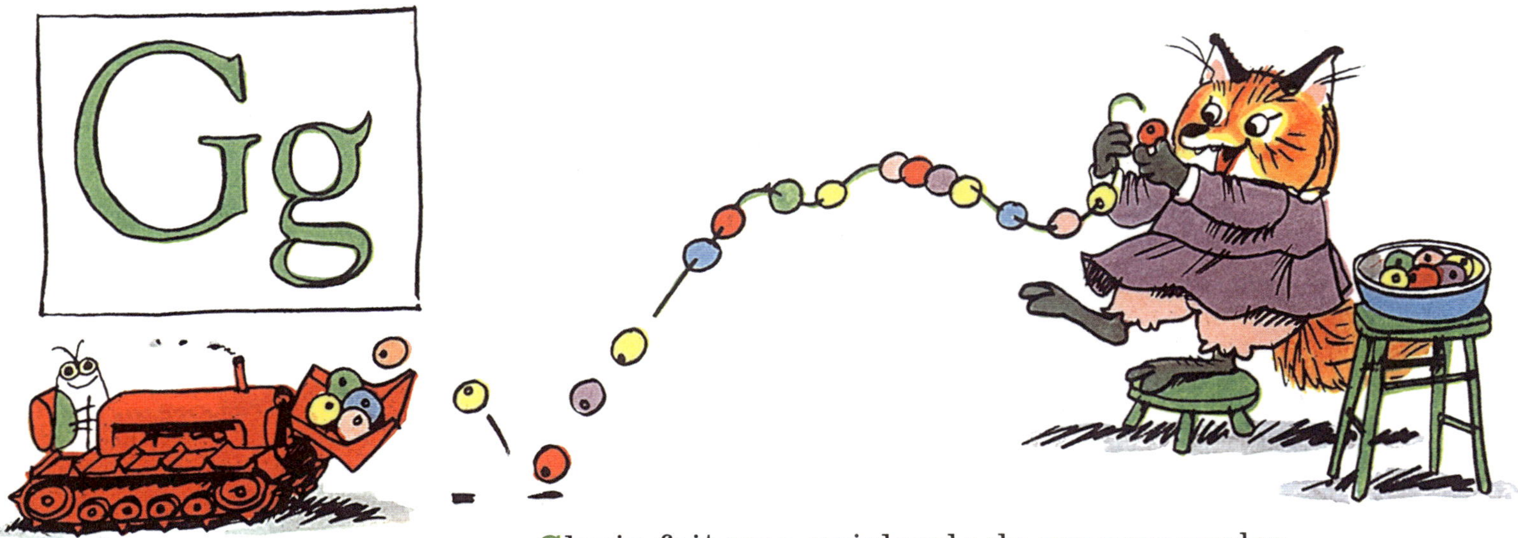

Gloria fait une **g**uirlande de **g**rosses perles
multicolores. **G**are à ne pas **g**lisser dessus !

Cassis souffle à perdre **h**aleine dans son clairon. **H**orreur !
Asticot y était caché ! Il vole plus vite qu'un **h**élicoptère.

Isidore s'est déguisé en **I**ndien.

Jj

Jimmy, on ne joue pas avec la nourriture !
Attention à la jolie nappe !

Kk

Kathy sait qu'il ne faut pas toucher aux couteaux.
C'est sa maman qui lui coupe ses kiwis.
Asticot secoue la bouteille de ketchup.

Ll

Dis-moi, Asticot, connais-tu des mots
qui commencent par un L ?

une lampe

une lettre
à poster

une lanterne

une laitue

Très bien, Asticot.
Tu peux t'asseoir, maintenant.

Mm

Mélanie est une vraie **m**agicienne. Elle **m**ange un **m**elon en une seule bouchée. **M**iam !

Nn

C'est au tour de **N**ed de faire son **n**uméro. Il ne veut pas salir son costume tout **n**euf. Quel long **n**ez !

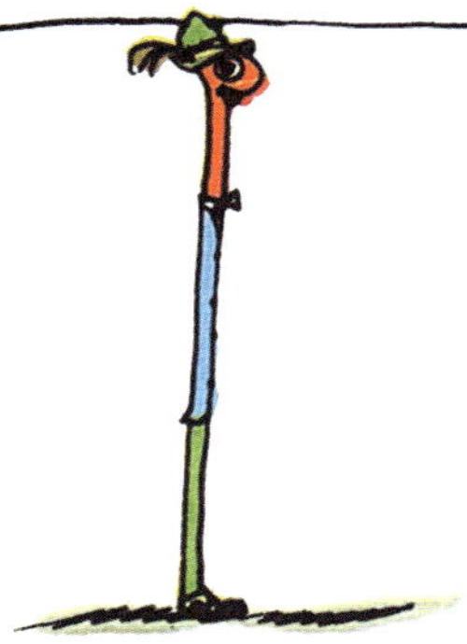

Oo

Oliver porte huit **o**bjets à la fois... c'est facile avec tous ces bras ! Peux-tu nommer ceux qui commencent par un **O** ?

Pour fêter le printemps, Pierre a planté un tournesol… dans sa poche !

Quentin a une question : combien de quarts dans une tarte ? Quatre, bien sûr !

Quel joli ruban rose pour Rosalie ! Pelleteuse roule le tapis vert.

Sam est **s**pécialiste en lancer de **s**avon
et de toutes **s**ortes de pâtes en tube.
Il vient de réussir un **s**uperbe jet !

Tom le **t**igre **t**ortille la ficelle
pour faire un nœud. Un, deux,
trois, et le **t**our est joué !

Ursula attend sous
son vieux parapluie
usé. Il est **u**rgent
d'en changer !

Voilà que **V**ictor trébuche dans la **v**igne.
Ses **v**iolettes s'envolent du **v**ase !

Willy ne trouve aucun mot
qui commence par un **W**.
Peux-tu l'aider ?

Regarde-moi, Willy !
Que suis-je ? Tchou tchou !
Tu ne trouves toujours pas ?

un wagon

– Attention les oreilles, je joue du **x**ylophone avec un pied ! s'écrie Asticot.

Yvonne devrait mieux
ouvrir les **y**eux : elle n'a pas
vu **Y**vette la souricette,
et elle a lâché son œuf !

Asticot avance
en **z**ig**z**ag.
Quel **z**igoto !

– Très bien, dit Miss Pot-de-Miel. Et maintenant,
récitons tout l'alphabet depuis le début !
Attention, on commence :

ABCD… EFG… HIJK… LMN… O… P…
QRS… TUV… W… X…Y…Z

Moi, je sais mon alphabet,
Je peux vous le réciter.

Les ateliers

Miss Pot-de-Miel montre comment faire
des choses amusantes avec trois fois rien.

Julie brode avec du fil et une aiguille.

Penny tisse un set de table.

Cassis découpe des images dans de vieux
magazines et les colle dans un album.

Charlie fait un coloriage
avec des crayons de couleur.

Francine tricote un pull
pour Asticot.

Sonia enfile des perles.

Willy façonne un lapin
en pâte à modeler.

Robert construit une tour
de cubes. Arrête-toi, Robert !
Elle est bien assez haute !

Maude découpe des formes
en papier et les plie pour faire
une maison de poupée.

Arthur aussi plie du papier.
Il fait des avions. ARTHUR !
On ne lance pas des avions dans la classe !

La cour de récréation

Chaque jour, à l'heure de la récré, c'est le moment de s'amuser.
Lorsqu'il fait beau, les enfants jouent dans la cour.

la bascule
le toboggan
le lancer
d'anneaux
chat
saute-mouton
Attrape,
Asticot !
la corde
à sauter
Trois P'tits Chats…
la marelle
les échasses
1
3
4
5
6
7
8

Les jours de la semaine

LUNDI MARDI MERCREDI JEUDI VENDREDI SAMEDI DIMANCHE

À l'école, Miss Pot-de-Miel a beaucoup à faire avec ses élèves. Et même quand elle ne travaille pas, elle reste très occupée.

Dimanche après-midi, elle va pique-niquer à la campagne avec son ami M. Bruno. Un pique-nique, c'est amusant, n'est-ce pas ?

Lundi, après l'école, elle fait sa lessive.

Mardi matin, avant l'école, elle fait un gâteau pour les enfants malades qui sont à l'hôpital.

C'est Maman Chat qui le leur apporte.

Mercredi, elle rassemble les vêtements trop petits pour les donner aux enfants qui n'en ont pas.

Jeudi, le directeur, les autres professeurs et elle se réunissent pour organiser le pique-nique de l'école.

Vendredi, elle va à la bibliothèque pour apprendre dans les livres. Elle veut tout savoir pour enseigner à ses élèves.

Samedi, elle va au marché. Et samedi soir, elle invite M. Bruno à dîner. Il lui apporte des fleurs, comme toujours. Après le repas, il l'emmène au cinéma.

Comme vous êtes occupée, Miss Pot-de-Miel !

La leçon de calcul

– Aujourd'hui, nous allons apprendre à compter, dit Miss Pot-de-Miel. Cassis, tu montreras les réponses sur ces grands papiers. Qu'y a-t-il sur le tabouret ? La réponse est **rien**. Le tabouret est vide. Lorsqu'il n'y a **rien**, on utilise le **zéro**.

Combien de fleurs y a-t-il dans le vase, sur le bureau de Miss Pot-de-Miel ? C'est bien, Cassis. Il y a seulement **une** fleur.

Quand ces deux pipelettes cesseront de bavarder, combien y aura-t-il d'élèves bien sages ? Il y aura **deux** élèves bien sages quand elles se tairont enfin.

Roger dessine la maîtresse, Cassis et Asticot.
Tu dis qu'il a fait **trois** dessins ? Bravo, tu ne t'es pas trompé !

Arthur a quatre grosses billes dans sa poche. La poche se déchire, les billes tombent. Une, deux, trois, **quatre**. Quatre billes rebondissent par terre.

Miss Pot-de-Miel demande à Willy de vider les corbeilles à papier. Attention, Willy, ne les prends pas toutes à la fois ! Va plutôt vider les cinq corbeilles l'une après l'autre ! Une, deux, trois, quatre, **cinq**.

Eh bien ! On peut dire que Willy a mis le bazar !
Combien de balais faut-il pour tout nettoyer ?
La réponse est **six** balais.

Mais pourquoi ces élèves lèvent-ils tous la main ? Pour demander à Miss Pot-de-Miel la permission d'aller aux toilettes !
Il faut toujours demander avant de sortir.
– D'accord, allez-y. Mais dépêchez-vous de revenir, dit la maîtresse.
Sept élèves sortent de la classe pour aller aux toilettes.

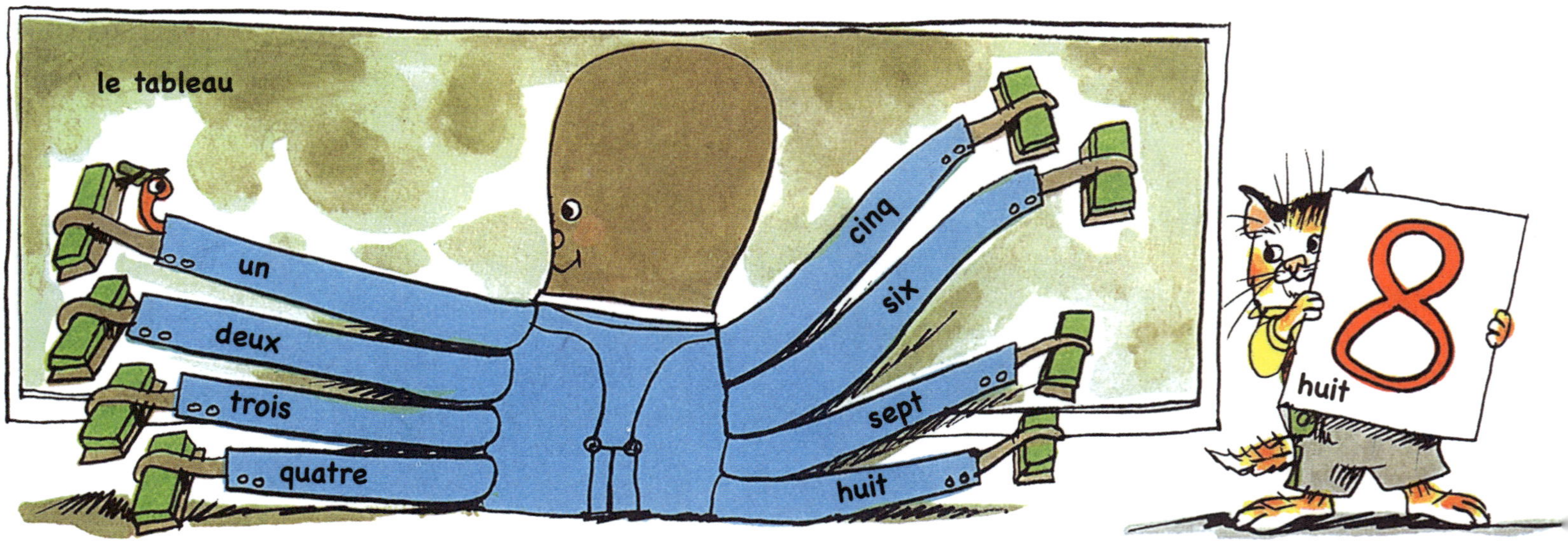

Miss Pot-de-Miel demande à Oliver d'effacer le tableau à l'aide des tampons. Combien de tampons utilise Oliver ?
Comme il a **huit** bras, il se sert de **huit** tampons.

Une fois que le tableau est bien propre, les tampons sont pleins de craie. Miss Pot-de-Miel demande à plusieurs enfants de les taper pour les nettoyer. Combien d'élèves tapent les tampons ?

Cassis compte **neuf** élèves nettoyeurs de tampons.

Miss Pot-de-Miel demande à Peau-de-Banane ce qu'il a apporté pour son goûter.
A-t-il apporté **dix** bananes ?
NON ! Il a apporté **dix** régimes de bananes !

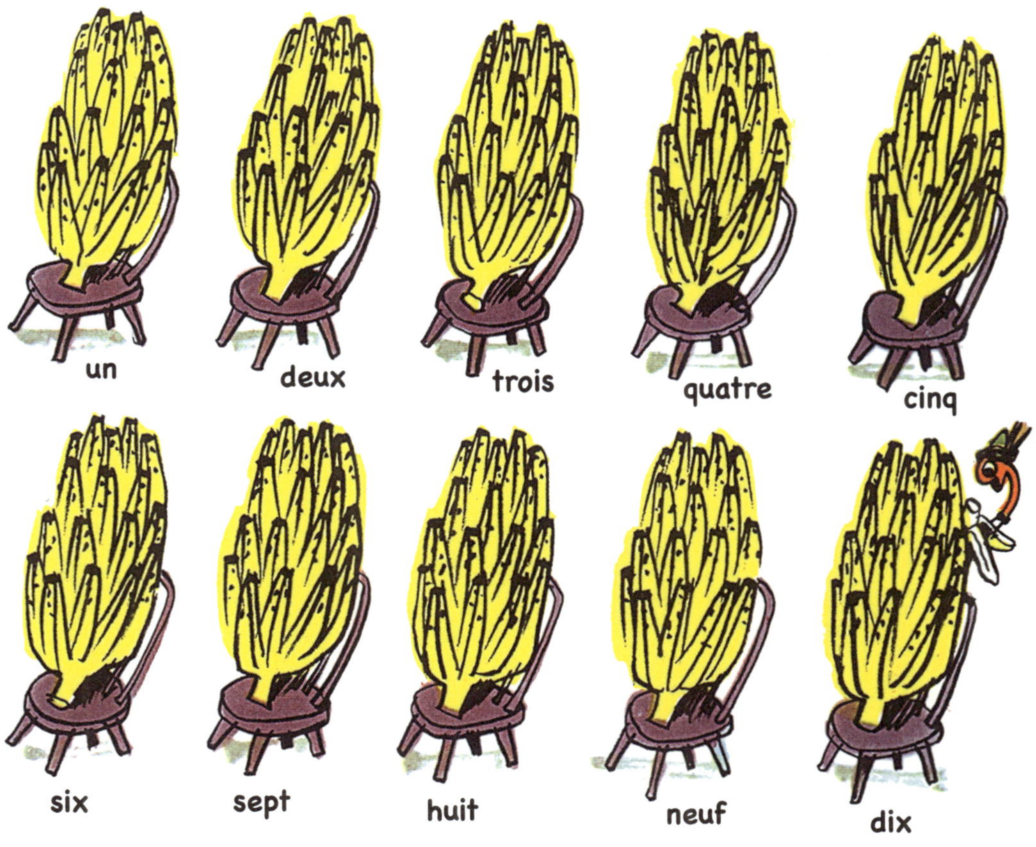

Quel glouton, ce Peau-de-Banane !
À présent, comptons tous ensemble de **un** à **dix**.
Un, **deux**, **trois**, **quatre**, **cinq**, **six**, **sept**, **huit**, **neuf**, **dix**.
Bravo, les enfants !

Les heures de la journée

Aujourd'hui, c'est samedi. Il n'y a pas école. Mais Cassis a beaucoup de choses à faire. Son ami Asticot vient passer la journée chez lui. Et il restera dormir aussi.

À **7** heures, Cassis saute de son lit.

À **8** heures, il prend son petit déjeuner.
Papa Chat emporte encore la nappe en partant !

À **9** heures, il range sa chambre.

À **10** heures,
il va au supermarché.

À **11** heures, il joue
dans la gadoue avec Asticot.
Il tombe plus d’une fois.

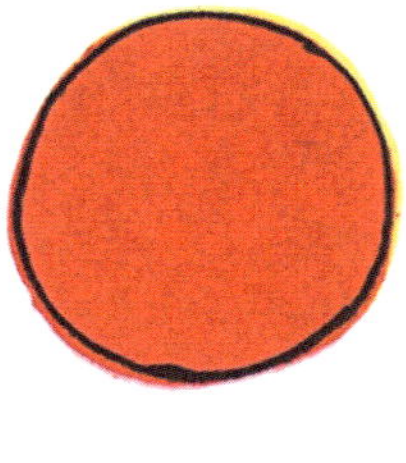

12 heures, c’est midi. Cassis
et Asticot déjeunent. Asticot est bien
élevé : il enlève son chapeau à table.

À **13** heures, ils se couchent
tous les deux pour faire la sieste.

À **14** heures, ils vont se promener en voiture. Ils ont un petit accident avec Jo Bricolo. Jo est en route pour l'école, en retard une fois de plus !

À **15** heures, ils rentrent à pied.

À **16** heures, ils regardent la télévision.

À **17** heures, Papa Chat rentre à la maison.

À **18** heures, Papa Chat donne le bain à Cassis et à Asticot.
– Mais où est donc passé le savon ? demande-t-il.

À **19** heures, Maman Chat a préparé une surprise pour le dîner. Elle sert l’invité en premier.

À **20** heures, Papa Chat leur lit une histoire.

Et à **21** heures, ils dorment à poings fermés.
Bonne nuit, Cassis !
Fais de beaux rêves, Asticot !

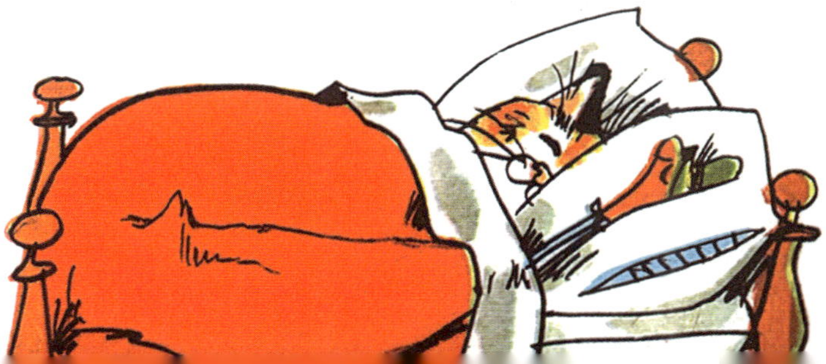

Miss Pot-de-Miel est bien aidée

Tout le monde aide Miss Pot-de-Miel pour lui faire plaisir.
Elle n'oubliera jamais le jour où Asticot a lavé sa pomme.

Ce jour-là, Roger a ouvert la fenêtre
et les papiers se sont envolés.

Arthur a fermé la porte pour
les empêcher de sortir.

Miss Pot-de-Miel se rappelle que Cassis
a taillé les crayons ce jour-là.
Ils les a taillés un tout petit peu trop court.

Penny a ramassé les papiers éparpillés
et les a mis dans la corbeille.

Eddie a essuyé le tableau.

Pierre l'a lavé à l'éponge.

Bobby a tapé les tampons. Miss Pot-de-Miel allait lui dire d'aller faire cela dehors, quand soudain…

… elle a vu que quelqu'un arrosait sa plante !

– ARRÊTEZ ! a-t-elle crié.

C’était encore quelqu’un qui voulait gentiment l’aider !
Jo Bricolo ! Il nettoyait les vitres à l’extérieur.
– Je vous ai un peu mouillée ? lui a demandé Jo.
Vous auriez dû demander à quelqu’un de fermer la fenêtre !
Oh non, JO ! C’est toi qui aurais dû regarder !

Hh
Ii

Les mesures

– À présent, nous allons apprendre à mesurer les choses, dit Miss Pot-de-Miel.

J'utilise une règle pour mesurer ma taille. Je suis **plus grande** que Pelleteuse. Elle est **plus petite** que moi.

une règle

J'utilise une balance pour connaître mon poids.
Je pèse **plus** qu'Asticot.
Il pèse **moins** que moi.
Je suis **plus lourde** que lui.
Il est **moins lourd** que moi.

une balance

Mon bras est **plus long** que celui de Souricette.
Son bras est **plus court** que le mien.

Les horloges mesurent le temps. Je me suis réveillée **avant** le lever du soleil.

Cassis s'est réveillé **après** le lever du soleil. Je suis réveillée depuis **plus longtemps** que Cassis. Il est réveillé depuis **moins longtemps** que moi.

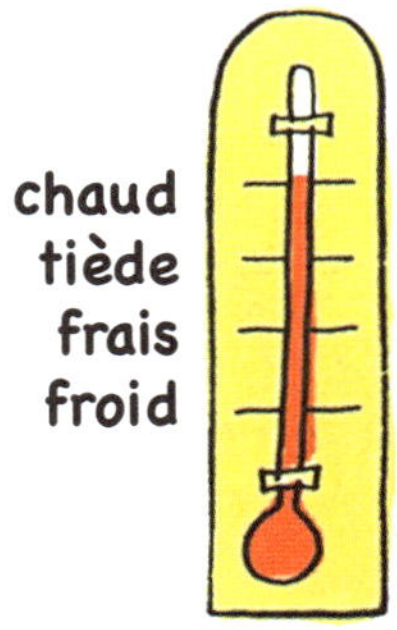

Pour mon petit déjeuner, j'ai bu un bol de chocolat **chaud**. Cassis, lui, a bu un verre de lait **froid**.

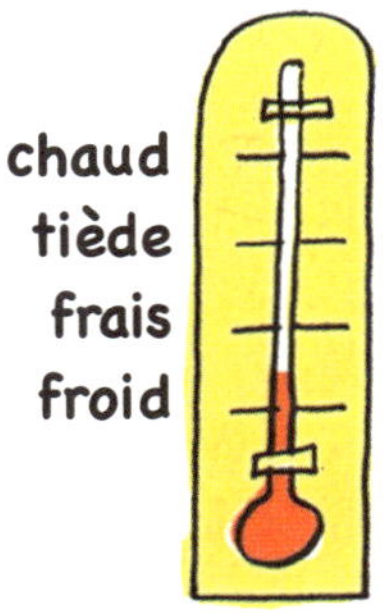

La cuisinière sert à faire **chauffer** les aliments.

Le réfrigérateur sert à les garder au **frais**.

Les calendriers aussi mesurent le temps. Ils montrent le nombre de jours dans un mois et dans une année.

J'ai déjà passé plus d'anniversaires que Sonia. Je suis **plus vieille** qu'elle. Sonia est **plus jeune** que moi.

Sur mon gâteau d'anniversaire, il y a **plus** de bougies que sur celui de Sonia. Il y a **moins** de bougies sur son gâteau que sur le mien. J'ai **plus** de mal que Sonia à souffler mes bougies. Sonia a **moins** de mal que moi à souffler les siennes.

Les formes

– Toute chose a une forme, dit Miss Pot-de-Miel. Je vais vous montrer différentes sortes de formes. Mais d'abord, regardez la forme de mon corps. M. Bruno dit que j'ai une belle silhouette. Diriez-vous que je suis **plus grosse** ou **plus mince** qu'Asticot ? Oui, je suis un peu **plus grosse** qu'Asticot.

Asticot a mangé des petits pois. Les petits pois ont une forme ronde.

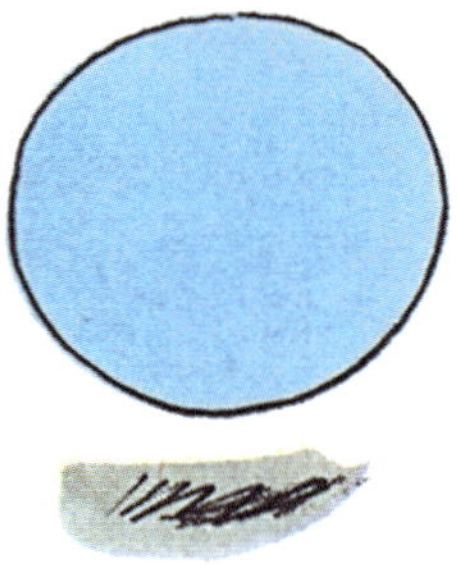

Un ballon aussi, c'est rond.
Mais Asticot n'en mange pas, bien sûr.

Les cubes ont une forme carrée.

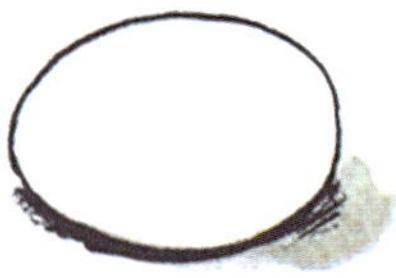

Les œufs ont une forme ovale.

La Lune est parfois en forme de croissant.

J'allais oublier ! Quelqu'un m'a envoyé un cœur pour la Saint-Valentin. Devinez-vous qui c'est ?

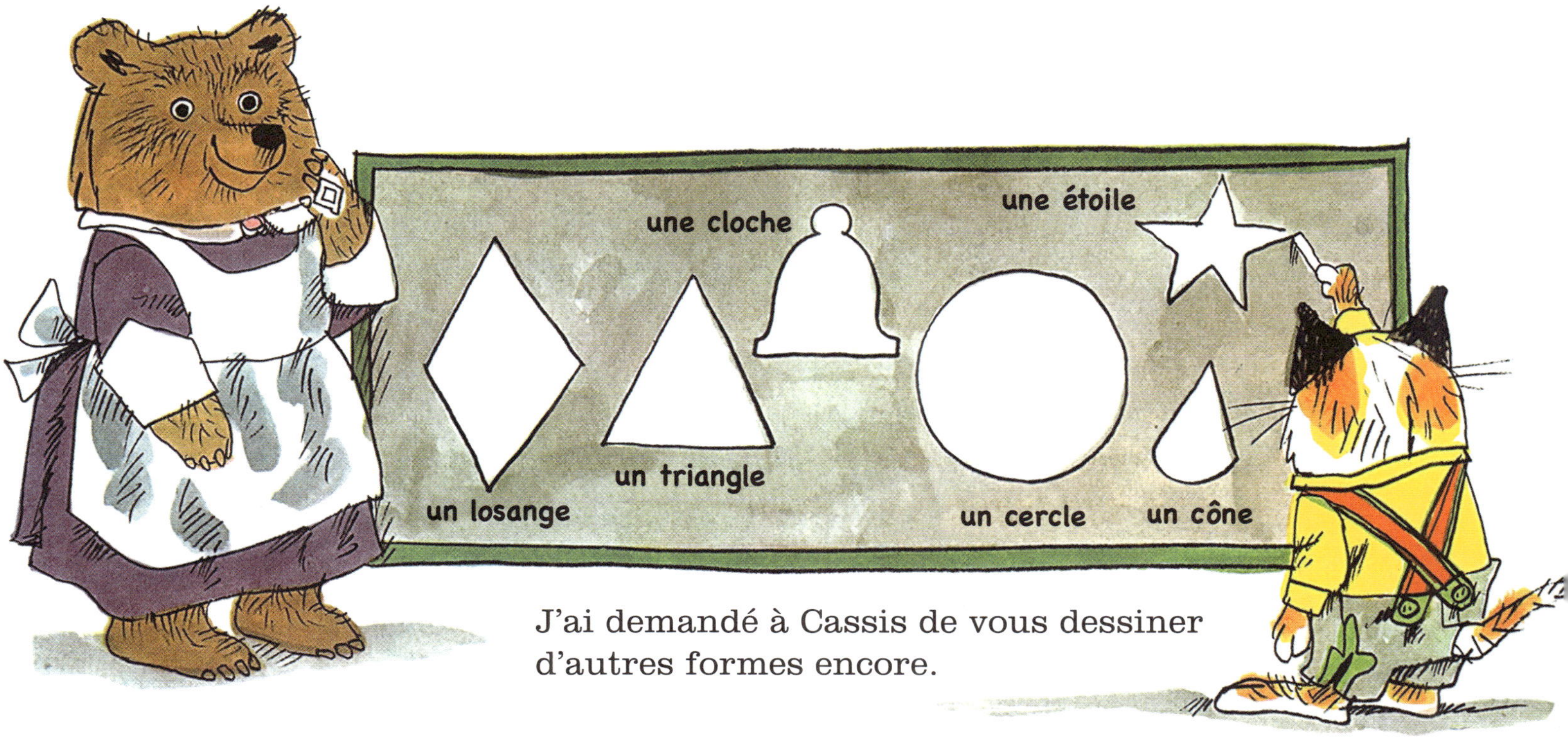

J'ai demandé à Cassis de vous dessiner
d'autres formes encore.

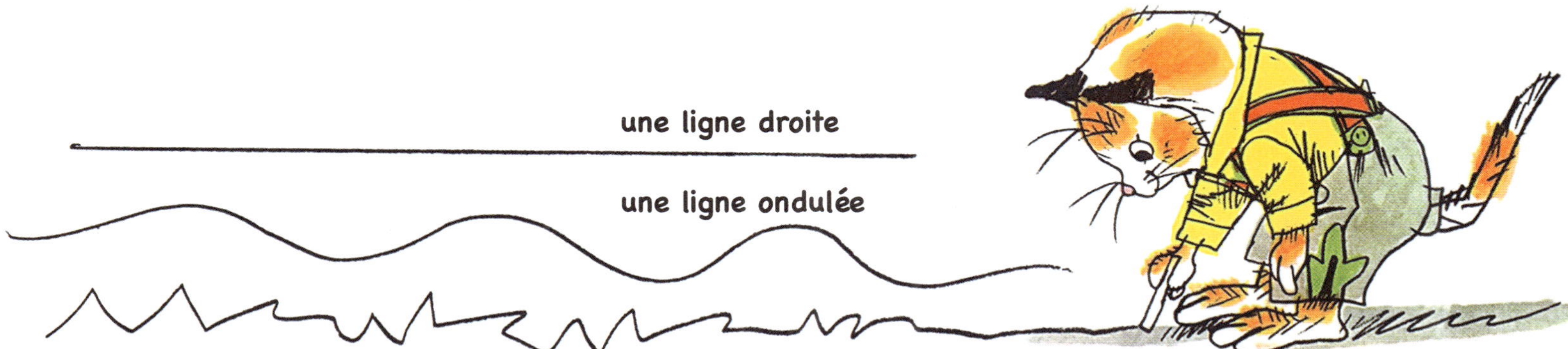

Et quelques lignes aussi. Merci, Cassis.

Mais ce n'est pas tout !
Certaines choses changent de forme.
Une longue bougie devient courte.

Une minuscule graine
devient une fleur
immense.

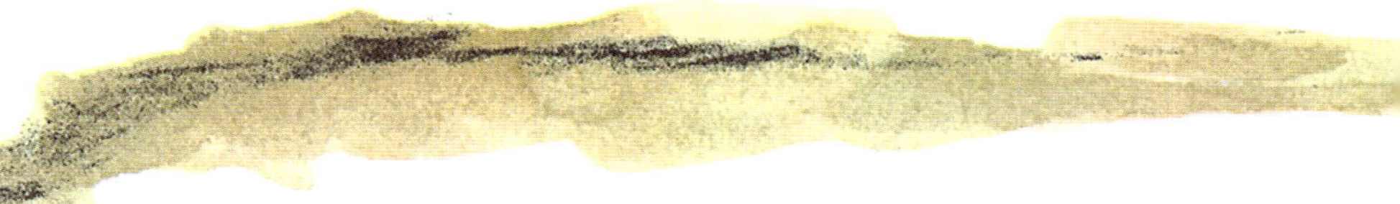

Et un morceau de bois qui brûle
se transforme en fumée et en cendres.
Peux-tu trouver autre chose qui change
de forme ? Un bonhomme de neige,
peut-être ? À quel moment ?

Le dessin et la peinture

C'est toujours amusant de dessiner et de peindre. Les jours de dessin et de peinture, la classe de Miss Pot-de-Miel est pleine de petits artistes. Certains font des dessins au crayon ou au pinceau. D'autres peignent des tableaux avec de la peinture à l'eau. Ils portent tous un tablier, pour ne pas tacher leurs vêtements.

Cassis aide la maîtresse à distribuer le matériel.

Voici quelques-uns des objets qu'il distribue aux artistes.

Tout le monde est enfin prêt.

Mélanie place des feuilles de papier sur son chevalet. Elle dessine un insecte avec son crayon.

Rosalie fait un tableau au pastel. Elle le punaise au mur.

Arthur peint une pomme rouge sur le papier.

Bobby peint des traces de pattes rouges sur le parquet.

Roger va à l'évier nettoyer son godet plein d'eau et de peinture. Il ouvre le robinet trop fort… et fait un tableau d'éclaboussures.

Quelle belle bande d'artistes !

Les couleurs

Cassis va nous montrer ce qu'il a peint.

Il a peint des choses rouges…

… et des choses orange.

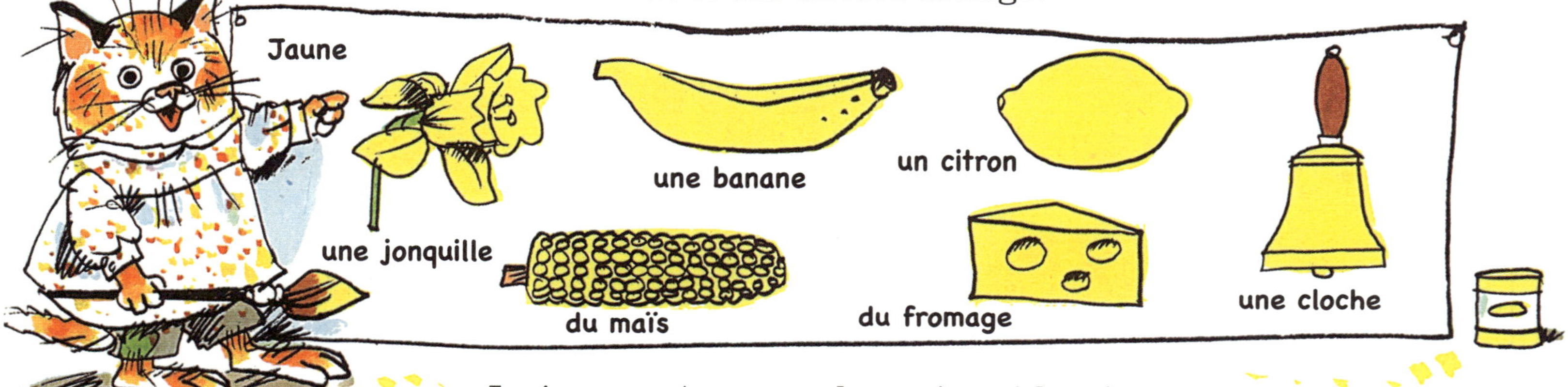

Le jaune est une couleur vive et lumineuse.

Beaucoup de choses sont vertes.
Certains insectes aussi.

Cassis a peint le ciel en bleu.
Lorsqu'il y a des nuages, le ciel
devient gris. Fais attention, Cassis !

Cassis a peint le sol en violet.
Le mauve est un violet très clair.

Les couleurs peuvent être claires ou foncées. Les pommes de terre sont marron clair. Les lapins en chocolat sont marron foncé.

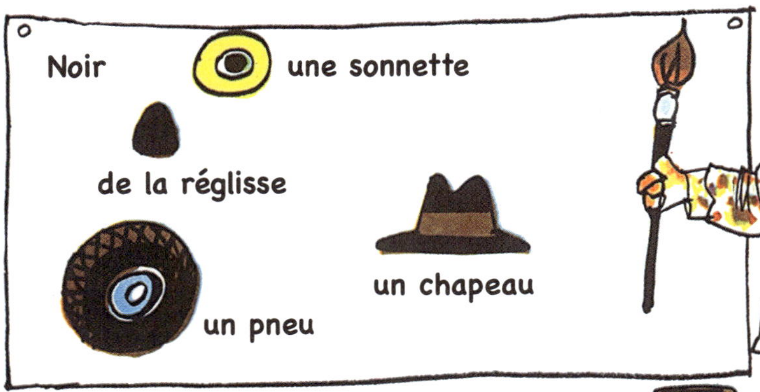

Il a peint des choses noires… … et des choses blanches.

Cassis n'a pas fait que peindre des images : il s'est aussi repeint
lui-même ! Va te nettoyer, Cassis, et mets un tablier propre. Merci !

Les mélanges de couleurs

Cassis va maintenant nous montrer comment mélanger deux couleurs pour en faire une troisième ! Allez, commence, Cassis !

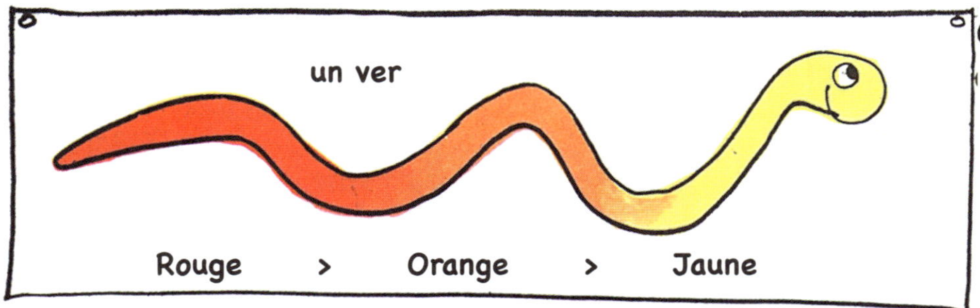

Le rouge mélangé au jaune fait de l'orange.

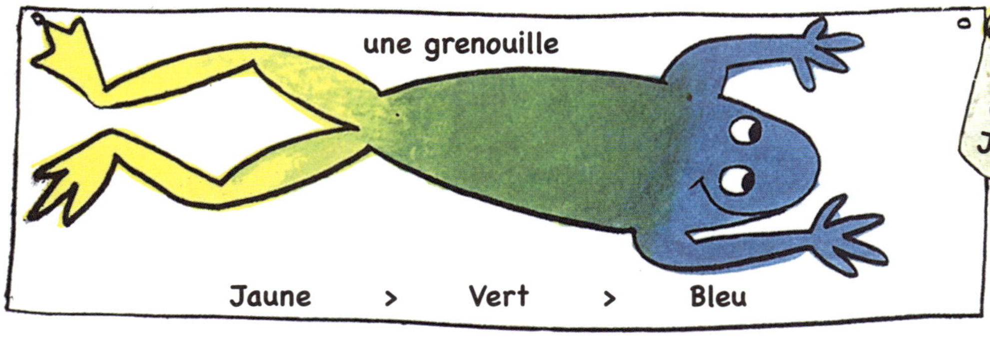

Le jaune et le bleu font du vert.

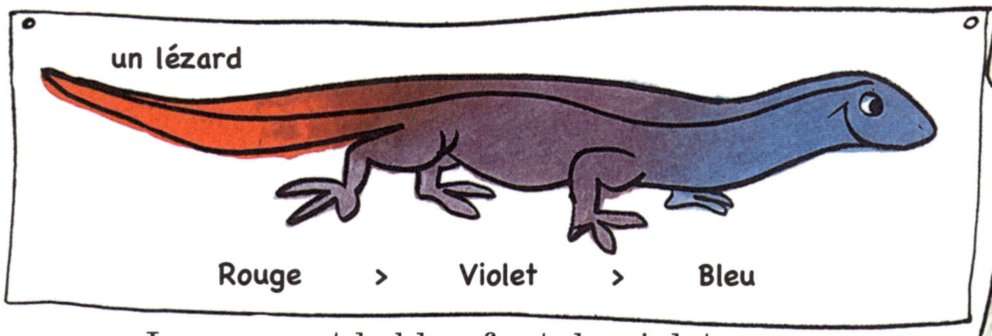

Le rouge et le bleu font du violet.

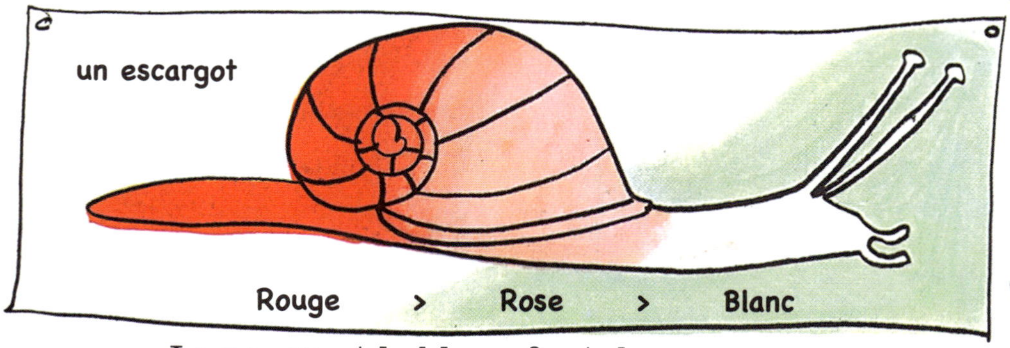

Le rouge et le blanc font du rose.

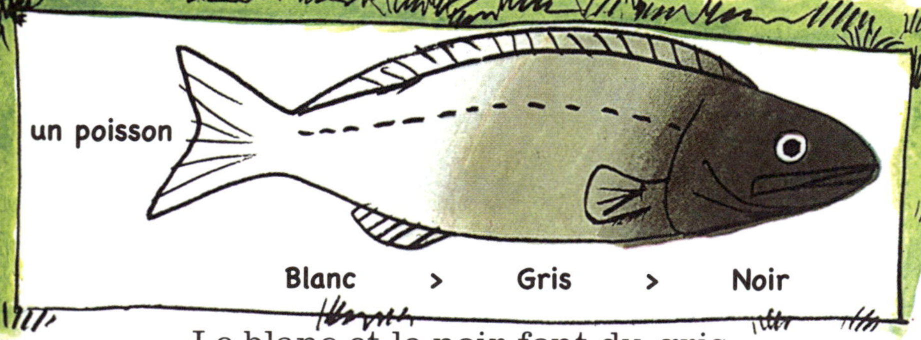

Le blanc et le noir font du gris.

Tu sais très bien mélanger les couleurs, Cassis.
Et toi, te rappelleras-tu comment mélanger les couleurs la prochaine fois que tu peindras ? Bien sûr !

Chacun son histoire

Le meilleur moment, à l'école, c'est quand chacun raconte une histoire. Cassis va nous dire comme il s'est amusé l'été dernier à la ferme de son oncle, le capitaine Guillaume. Écoutons-le bien.

Cassis commence son histoire.
– D'abord, dit-il, j'ai dû me rendre à la ferme de mon oncle. Mon papa et ma maman m'ont emmené à l'aéroport et m'ont mis dans un avion.

J'ai volé jusqu'à un aéroport près de la ferme. Mon oncle m'attendait sur la piste d'atterrissage. Nous avons failli lui atterrir dessus !

– Ensuite, nous sommes arrivés chez le capitaine Guillaume, dit Cassis. Tante Brioche préparait à manger dans la cuisine. C'est une bonne cuisinière.

Il y avait des poules et un coq. Les poules doivent manger avant de pondre des œufs. Je leur ai donné du grain et du maïs. Le capitaine Guillaume a ramassé les œufs. Les coqs ne pondent pas. Ils font : « Cocorico ! »

J'ai aussi donné du foin aux vaches. Les vaches donnent du lait. Le capitaine Guillaume a trait les vaches. Nous avons mis les bidons de lait à l'arrière de la camionnette, et nous sommes partis pour la laiterie.

À la laiterie, on fait beaucoup de choses avec le lait. On en met en briques, que l'on vend au marché pour que les gens le boivent. On en fait du beurre. On en fait du fromage. Et le mieux, c'est qu'on en fait aussi de la crème glacée. Le laitier m'a donné un cornet de glace.

Ensuite, nous sommes rentrés à la ferme et nous avons labouré un champ pour pouvoir semer des graines. Le capitaine Guillaume m'a laissé conduire le tracteur !

Le capitaine Guillaume a semé toutes sortes de graines. Moi, j'ai planté une graine de citrouille. Il faut tout l'été pour que ça pousse. J'espérais qu'elle deviendrait une belle grosse citrouille.

Le capitaine Guillaume a fini de semer. Il m'a demandé de conduire le tracteur jusqu'à la grange pour aller chercher le chariot. Il voulait cueillir ses légumes pour les apporter au marché.

– Nous avons rempli le chariot de légumes du potager, dit encore Cassis. Le capitaine Guillaume s'est assis dessus pour qu'ils ne tombent pas.

Au marché, je me suis garé juste à côté d'une bouche d'incendie. J'ai livré les légumes au stand du capitaine Guillaume.

du céleri
des tomates
des betteraves
une salade
du maïs
LES BONS LÉGUMES DU CAPITAINE GUILLAUME
une courge
des petits pois
des carottes
des oignons
MARCHÉ DES FERMIERS
FRUITS
prunes
myrtilles
cerises
poires
raisin
banane
framboises
clémentines
pommes
oranges
pêches
ananas
fraises
citrons
pamplemousses
pastèque

– Voilà qui a mis fin à mes vacances ! conclut Cassis.
On m'a renvoyé chez moi. Le capitaine Guillaume m'a promis de m'apporter ma citrouille quand elle serait bien mûre.

Et il a tenu parole ! Maintenant regardez bien, je vais vous la montrer ! Je vais aussi vous montrer ce que j'en ai fait !...

Oh là là, Cassis ! C'est la plus grosse lanterne de Halloween du monde ! Tu es un bon fermier et un bon sculpteur de citrouilles ! N'est-ce pas, les enfants ? Mais attention de ne pas faire peur à cette sorcière !

La leçon d'écriture en attaché et en script

Lorsqu'on écrit en attaché, les lettres ne sont pas comme dans les livres. Les lettres écrites comme dans les livres s'appellent le script.

Miss Pot-de-Miel va apprendre à écrire à ses élèves. La première lettre des prénoms est toujours une lettre majuscule. Les autres sont des minuscules.

Voici le nom d'Arthur en script : Arthur

Et voici son nom en attaché : *Arthur*

A a
A a

Arthur a une pomme dans la main

Arthur a une pomme dans la main

B b
B b

Peau-de-Banane a une banane dans la bouche

Peau-de-Banane a une banane dans la bouche

C c
C c

Charlie veut cracher son chewing-gum

Charlie veut cracher son chewing-gum

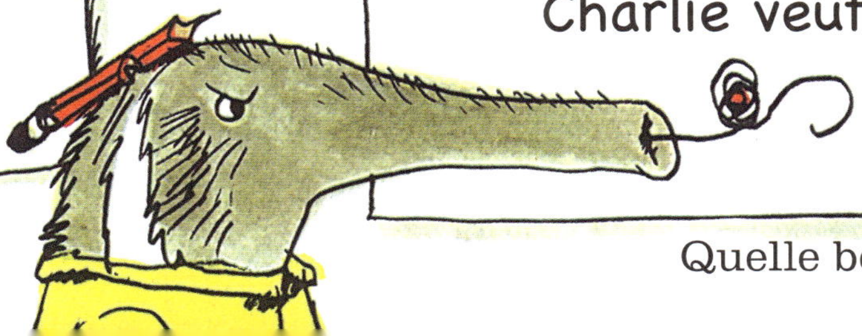

Quelle belle écriture, les enfants !

– Cassis, dit Miss Pot-de-Miel, veux-tu bien écrire toutes les lettres de l'alphabet ? J'aimerais que tous les élèves les recopient. Avec un peu d'aide, ils pourront même écrire leur prénom !

Aa Bb Cc Dd

Aa Bb Cc Dd

Ee Ff Gg Hh

Ee Ff Gg Hh

Ii Jj Kk Ll

Ii Jj Kk Ll

Mm Nn Oo Pp

Mm Nn Oo Pp

Qq Rr Ss Tt

Qq Rr Ss Tt

Uu Vv Ww Xx

Uu Vv Ww Xx

Yy Zz

Yy Zz

Allez, les enfants, prenez un crayon et une feuille de papier, et essayez d'écrire votre prénom !

La visite médicale

De temps en temps, tous les enfants doivent aller voir le docteur. Il les examine pour vérifier qu'ils sont en bonne santé. Aujourd'hui, le docteur Ours veut les voir et leur faire dire « Aaaaa ». Bien ! Tout le monde à la queue leu leu pour entrer dans le cabinet du médecin. Retirez vos chemises et vos chemisiers.

Nelly l'infirmière mesure les enfants pour voir s'ils ont bien grandi. Elle les pèse pour connaître leur poids.

Le docteur Ours fait dire « Aaaaa » à tout le monde. Il regarde dans la gorge des enfants. Il leur pose son stéthoscope sur la poitrine, contre la peau nue, et il écoute. Ça chatouille.

Le docteur Ours déclare que tout le monde est en pleine forme.

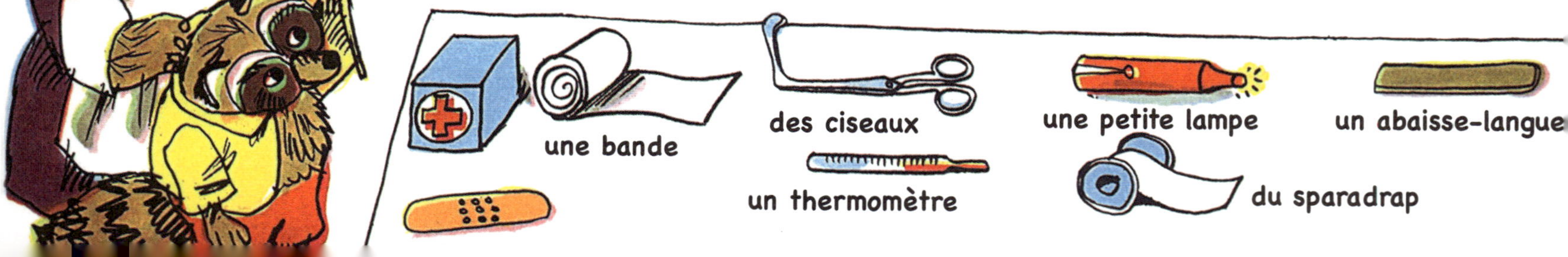

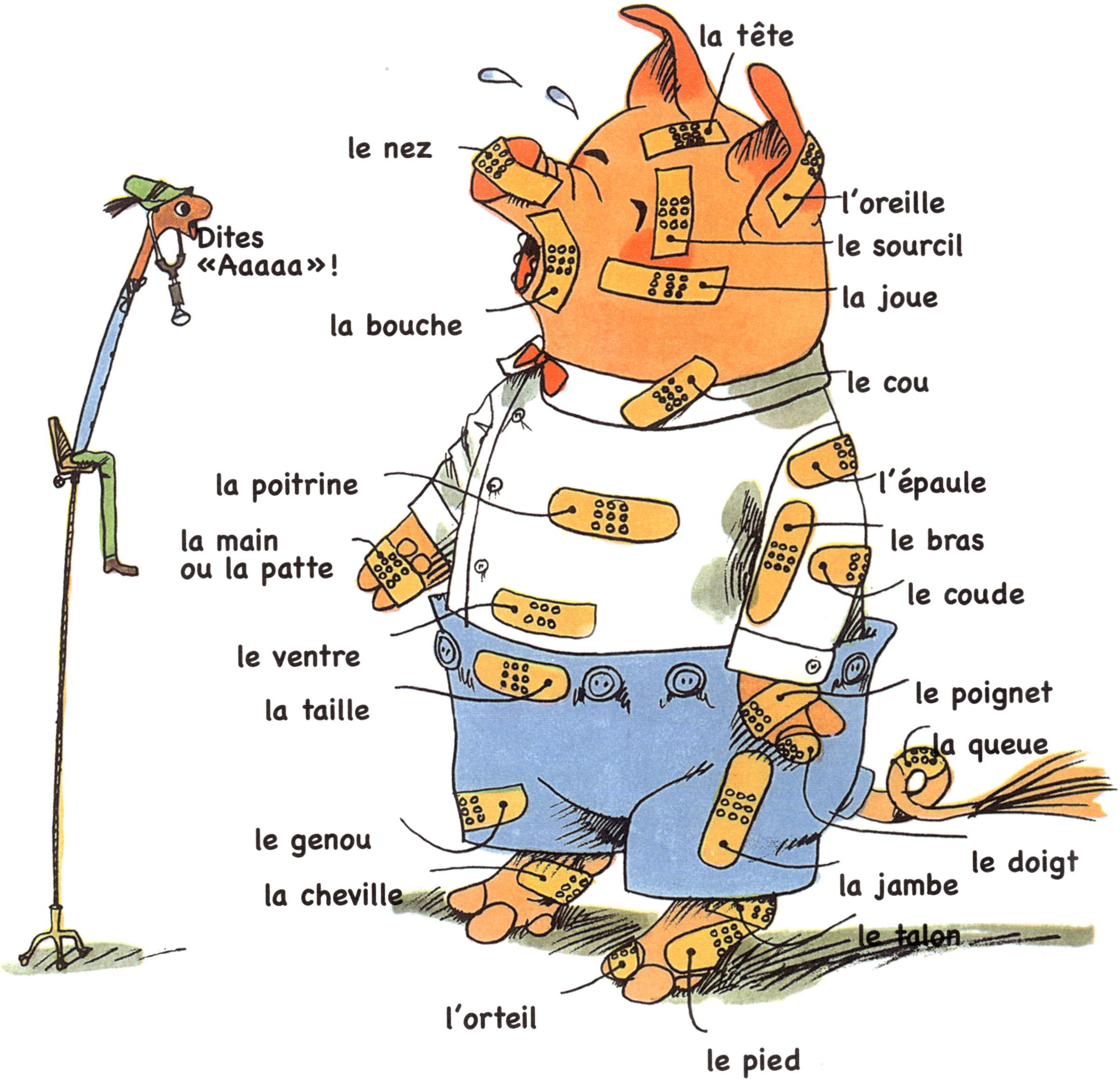

Le docteur ne vient à l'école que certains jours.
Mais Nelly l'infirmière est là tous les jours.
Elle soigne tous les enfants qui ne se sentent pas bien.
Arthur s'est fait mal en tombant dans la cour.
– Où as-tu mal ? lui demande Nelly l'infirmière.
– Partout ! répond Arthur.
Alors Nelly lui colle des pansements partout
pour qu'il n'ait plus mal.

Jo Bricolo et les mois de l'année

Jo est l'agent d'entretien de l'école. Il s'occupe des bâtiments. Il répare tout ce qui se casse. Il travaille à l'école les douze mois de l'année.

Le premier mois de l'année est **janvier**. En janvier, il neige. Alors Jo creuse un chemin dans la neige avec sa pelle.

En **février**, il répand du sable sur les trottoirs verglacés pour que personne ne glisse.

Que s'est-il passé ? Tu as glissé, Jo ?

En **mars**, le vent souffle fort. Jo veut vider
les poubelles mais patatras, tout s'envole !

En **avril**, la pluie tombe du ciel et fait pousser les plantes.
Jo fait très attention à ce que les fleurs du jardin de l'école
ne manquent jamais d'eau.

En **mai**, Jo tond la pelouse avec sa tondeuse.
Une fois, elle lui a échappé et a foncé dans un supermarché.
Peut-être en avait-elle assez de ne manger que de l'herbe ?

En **juin**, Miss Pot-de-Miel demande à Jo de réparer une table. Elle est un petit peu bancale.

Eh bien, c'est réussi ! Tu auras le temps de la réparer pendant les grandes vacances. On se reverra à l'automne ! Garde bien l'école, Jo !

En **juillet**, pendant que tout le monde est en vacances, Jo décide de tout repeindre.

Au mois d'**août**, il fait très chaud et très beau.
C'est alors que Jo répare les douches du gymnase.
Il imagine qu'il est à la mer.

En **septembre**, c'est la rentrée. Jo a fait une allée en ciment pour les enfants. Pour l'instant, le ciment est encore humide et mou. Demain, il sera dur et sec. Tu aurais dû t'y prendre un peu plus tôt, Jo !

En **octobre**, les feuilles commencent à tomber. Jo les ratisse et les transporte avec sa brouette pour en faire un gros tas. Il les brûle dans un endroit bien dégagé, pour que rien d'autre ne prenne feu.

Novembre est un mois froid et venteux. L'hiver arrive.
Jo scie les branches mortes des arbres pour que le vent
ne les arrache pas : elles risqueraient de tomber sur quelque chose.
Le directeur sort regarder sa nouvelle voiture.

En **décembre**, ce sont
les fêtes de fin d'année.
Jo a installé l'arbre de Noël
de l'école et l'a décoré
de boules et de guirlandes.
Il est magnifique.
Il ne reste plus qu'à
accrocher l'étoile
au sommet.
Vas-tu y arriver, Jo ?

La bibliothèque

Mais où Miss Pot-de-Miel emmène-t-elle donc les enfants ? À la bibliothèque ! Elle va leur lire des histoires.

Les étagères sont couvertes de livres de toute sorte. Miss Pot-de-Miel rassemble les enfants autour d'elle et leur lit de belles histoires.

Elle lit un conte de fées qui parle d'une
jolie princesse et d'un hardi chevalier.
Le chevalier se bat contre un dragon.

Elle leur raconte l'histoire d'un petit Inuit qui vit
dans un igloo, tout là-bas dans le Grand Nord glacé.
Un igloo est une maison faite de blocs de glace.

– Regardez le dessin du petit Inuit pagayant sur
l'eau dans son kayak, dit Miss Pot-de-Miel.

Lorsqu'elle a fini de lire, Miss Pot-de-Miel dit :
– Tous ceux qui sauront écrire leur prénom sur une carte de bibliothèque pourront emporter un livre pour le lire chez eux.

Miss Pot-de-Miel prend un tampon encreur et imprime une date dans le livre de Cassis. Ainsi, il sait quel jour il devra venir rendre le livre à la bibliothèque.
Les autres enfants attendent leur tour pour emprunter un livre.

Cassis rentre chez lui en car.
Maman Chat l'attend.

Cassis lui montre sa carte de bibliothèque.
Elle n'en revient pas que Cassis ait su écrire son prénom !
– Cassis ! Tu apprends beaucoup de choses à l'école ! dit-elle.
Cassis se dépêche d'aller lire son livre.

Au moins une fois par an, Miss Pot-de-Miel emmène tous les enfants faire un pique-nique. M. Bruno est invité aussi. C'est lui qui fait griller les saucisses. Miss Pot-de-Miel verse les jus de fruits. Peau-de-Banane joue de sa guitare-banane. Cassis fait les boules de glace. Jo a apporté son cerf-volant et montre à tout le monde comment le faire voler. Asticot gagne à la course en sac. Et tous, ils s'amusent comme des fous.

ARRIVÉE

Aa Bb Cc Dd

Aa Bb Cc Dd

Ee Ff Gg Hh

Ee Ff Gg Hh

Ii Jj Kk Ll

Ii Jj Kk Ll

Mm Nn Oo Pp

Mm Nn Oo Pp